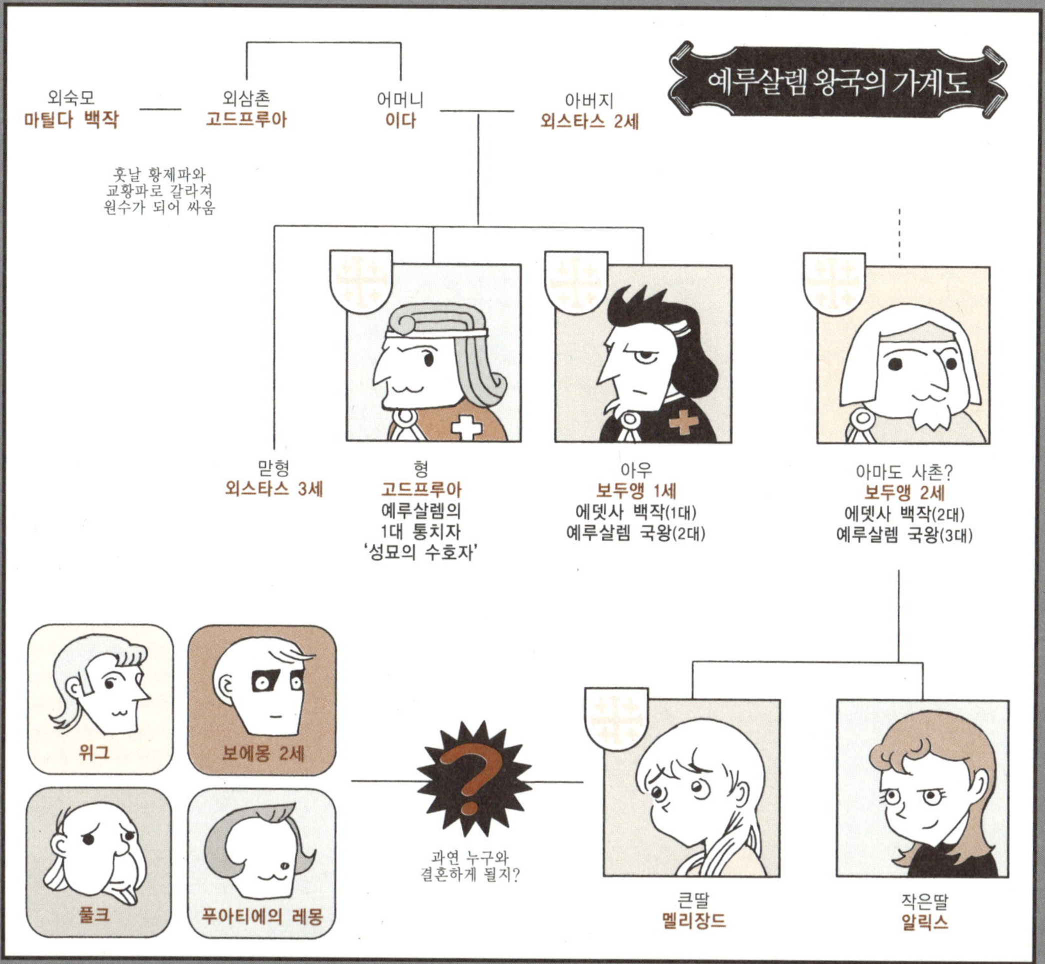

예루살렘 왕국의 가계도

- 외숙모: **마틸다 백작**
- 외삼촌: **고드프루아**
- 어머니: **이다**
- 아버지: **외스타스 2세**

훗날 황제파와 교황파로 갈라져 원수가 되어 싸움

- 맏형: **외스타스 3세**
- 형: **고드프루아** — 예루살렘의 1대 통치자 '성묘의 수호자'
- 아우: **보두앵 1세** — 에뎃사 백작(1대), 예루살렘 국왕(2대)
- 아마도 사촌?: **보두앵 2세** — 에뎃사 백작(2대), 예루살렘 국왕(3대)

- 위그
- 보에몽 2세
- 풀크
- 푸아티에의 레몽

과연 누구와 결혼하게 될지?

- 큰딸: **멜리장드**
- 작은딸: **알릭스**

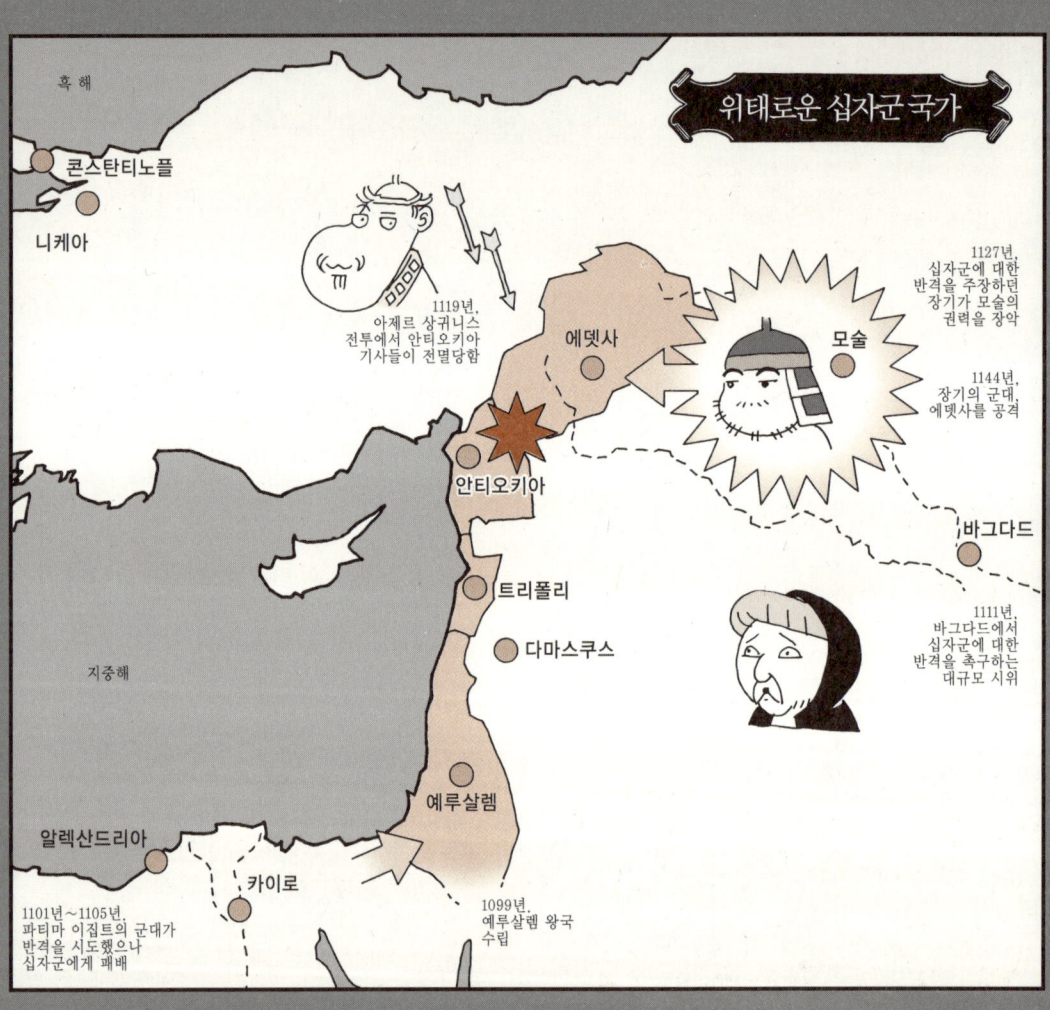

김태권의 십자군이야기
de Expeditione Sacra

예루살렘 왕국과 멜리장드

김태권의 십자군 이야기
예루살렘 왕국과 멜리장드

글·그림 | 김태권

개정판 1쇄 발행일 2011년 7월 1일
개정판 4쇄 발행일 2013년 2월 22일

발행인 | 한상준
기획 | 임병희
편집 | 권은경
디자인 | 나윤영, 김경희, 김경년
마케팅 | 박신용
종이 | 화인페이퍼
출력 | 경운 출력
인쇄·제본 | 영신사

발행처 | 비아북(ViaBook Publisher)
출판등록 | 제313-2007-218호(2007년 11월 2일)
주소 | 서울시 마포구 연남동 567-40 2층
전화 | 02-334-6123 팩스 | 02-334-6126 전자우편 | crm@viabook.kr

ⓒ 김태권, 2011
ISBN 978-89-93642-35-3 07900
　　　 978-89-93642-32-2 (세트)

• 이 책은 저작권법에 따라 보호받는 저작물이므로 무단 전재와 복제를 금합니다.
• 이 책의 전부 혹은 일부를 이용하려면 저작권자와 비아북의 동의를 받아야 합니다.
• 이 도서의 국립중앙도서관 출판시도서목록(CIP)은 e-CIP홈페이지(http://www.nl.go.kr/ecip)와
　국가자료공동목록시스템(http://www.nl.go.kr/kolisnet)에서 이용하실 수 있습니다. (CIP 제어번호 : CIP2011002522)
• 잘못된 책은 바꿔드립니다.

김태권의 십자군 이야기
de Expeditione Sacra

예루살렘 왕국과 멜리장드

ViaBook Publisher

추천의 글

빵빵한 지식, 뛰어난 유머! 지식만화의 새 지평을 열다

2003년 가을, 김태권 작가의 《십자군 이야기》를 읽고 추천사를 썼었다. 당시 슬쩍 본 것만으로도 흥미가 당겨 이번 단락만, 이번 이야기만 하다가, 이럴 수가! 그만 끝까지, 그것도 단숨에 봤던 기억이 생생하다. 그림도 간결한 것이 참신하고 특히 내용이 역사 공부를 여간 한 것이 아닌데, 그것을 잘 소화해내고 있을 뿐 아니라 오늘의 우리 현실을 같이 담아두어 정말 리얼하게 다가오면서도 심심하지 않도록 짭짤한 유머를 섞어놓아 손을 놓지 못하게 만드는 게 아닌가.
부끄러운 이야기지만 나는 십자군전쟁에 관해서 상세한 지식을 갖고 있지 못했다. 보통 상식으로 알고 있는 그런 수준이었다. 그런데 이 책을 읽고 내 자신이 이 부분에서 빵빵해지는 느낌을 받았다. 그것도 아주 짧은 시간에!
세상에 만화가 아니면 어떻게 이런 정보를 즐겁고 명료하게 얻을 수 있을까? 이것이 바로 만화의 힘이 아니던가! 물론 이렇게 쉽고 재미있게 전달하기까지는 저자의 각고의 노력과 공부, 그리고 첨예한 시대 의식과 뛰어난 유머 센스가 있었기에 가능한 것이리라.
이 만화는 재미있으면서도 수준이 있다. 많은 독자들이 이 만화를 보고 지식을 쌓고 시대를 통찰하는 즐거움을 만끽하리라 확신한다. 물론 내가 그랬고, 첫 권이 나올 때 고등학생이었던 내 아들에게도 유용한 교양서였기 때문이다. 2권까지 출간하고 절판이 되었다는 사실을 알고 아쉬웠는데 다시 새롭게 개정판을 출간한다니 오랜 지기를 만난 듯 몹시 반갑다.

박재동(만화가)

야만적 역사를 고발한다

《십자군 이야기》는 중세에 일어났던 어떤 야만적인 사건에 대한 고발이다. 십자가의 이름으로 행해진 침략 전쟁은 당시 지배층의 정치적 야욕, 기사계급의 물질적 욕구, 순진한 민중들의 헛된 기대가 한데 모여 일어난, 거대한 집단적 리비도의 폭발이었다. 중세 특유의 종교적 광신은 이 세속적 욕망의 분출을 더 격렬하고, 더 집요하게 만들었다. 이 책은 그 어처구니없는 역사의 한 페이지를 다시 우리의 '기억' 속에 불러들인다.

이게 단지 '기억'에 불과할까? 예나 지금이나 원래 전쟁을 할 성스런 '이유' 따위는 존재하지 않는다. 다만 전쟁을 할 세속적 '필요'가 있을 뿐이다. 그리하여 이 어처구니없는 역사가 지금 이 시대에 다시 한 번 반복되고 있다. 이라크 전쟁은 중세의 십자군전쟁을 닮았다. 특히 이 전쟁을 일으킨 자들의 사고방식은 중세 십자군들의 그것과 놀랍도록 유사하다. 이 책은 이렇게 역사의 기억을 조직하여 현재를 고발한다.

톡톡 튀는 작가의 위트와 함께, 이 책의 또 다른 매력을 이루는 것은 로마네스크 양식의 그림체다. 역사만담꾼 김태권은 중세인의 모습을 그들이 그리던 그 방식으로 묘사한다. 이로써 중세인들은 책 속에서 스스로 자신을 연출하게 된다. 역사 이야기를 다룬 수많은 그림책이나 만화책 들 중에서 유독 이 책에 내 눈이 머무는 것은, 형식을 그저 내용을 전달하는 도구로만 간주하지 않는, 작가의 이 세련된 양식적 감각 때문이리라.

진중권(문화평론가)

작가의 말

관점을 바루기란 어려운 일

3권을 작업하며 가장 까다로운 부분은 '들어가며'였습니다. 전에 약속한 대로 이슬람 세계의 간략한 역사를 다루었는데요, 내용은 그럭저럭 정리했습니다만 관점이 문제였어요. 다양한 시각에서 저술된 여러 책을 읽었는데도, 작업을 하다 보니 이슬람 세계에 대해 좋은 이야기를 많이 하게 되더군요. '만화가 이 양반, 이슬람에 너무 편향적인 것 아냐?'라고 독자 여러분의 의심을 살지도 모르겠다는 생각이 들었습니다. 그래서 이슬람 세계에 유리한 이야기들은 일부러라도 줄이고 비판적인 이야기를 더 집어넣고자 노력했습니다만, 그렇게 했는데도 우리에게 익숙한 이슬람의 이미지와는 너무 다릅니다. 여전히 많은 독자님의 눈에는 작가가 이슬람 편드는 것으로 비칠까 걱정이고, 다른 한편 우리 사회에 이슬람에 대한 부정적 시각이 널리 퍼져 있다는 것을 실감하여 이것도 걱정입니다.

본문 작업도 쉽지는 않았어요. 1권과 2권을 작업할 때, 아랍계 프랑스 작가 아민 말루프의 책 《아랍인의 눈으로 본 십자군 전쟁》과 동로마 제국의 공주 안나 콤니니의 역사서 《알렉시아스》를 읽었지요. 이 책들 덕분에 십자군전쟁이 '정의로운 전쟁'이라는 선입견에서는 벗어날 수 있었어요. 그런데도 만화를 그리는 작업은 쉽지가 않더군요. 서구 중심적 시각, 우리에게 익숙한 해석을 버리기가 쉬운 일이 아니었나 봐요.

그런데 3권을 그리면서 더 어려운 문제를 마주쳤어요. 이번에도 관점의 문제. 자, 이제 이슬람 세계의 반격이 시작됩니다. 십자군의 침략이 잘못된 일이었다면 이를 바로잡겠다는 싸움은 정의로운 전쟁일까요? 서럽게 당하던 사람들이 반격을 시작하다니 통쾌한 맛은 있지요. 그러나 반격도 전쟁인 이상, 앞 권에서 '반전 평화'를 이야기하던 제가 마냥 반겨도 될까요? 익숙한 해석과 결별하고 관점을 바루기도 만만치 않지만, 그 입장을 일관성 있게 견지하는 일은 더 어려운 듯합니다.

어떤 분들은 이렇게 말씀하실지 몰라요. 잘못된 전쟁도 있지만 옳은 전쟁도 있다고요.(그러고 보니 오바마 대통령이 노벨평화상을 받으며 이 비슷한 이야기를 했네요.) 저 역시 한때는, '정의로운 전쟁도 있다'고 생각했어요. 그러나 이런 책 저런 책을 읽으며 결국 확신을 잃었습니다. '평화를 위한 전쟁'이니 '방어를 위한 공격'이니 '생존을 위한 전쟁'이니 '모든 전쟁을 종결하기 위한 전쟁'이니……. 근사해 보이시나요? 이 말들은 모두 침략전쟁을 미화하던 슬로건입니다. 전쟁이 떳떳치 않은 일이라는 사실을, 전쟁을 일으킨 분들 스스로도 알았던 게죠. 십자군 역시 '신이 원하시는 전쟁'이라며 스스로를 포장했고요.

공격을 받고도 저항하지 않는다면 어리석은 일이겠지요. 저항은 우리의 권리니까요. 그러나 전쟁과 폭력의 싹이 자라도록 내버려두는 일 역시, 어리석다고 생각합니다. 옛날 중세 시절에도 서구 사회 내부에 "십자군 원정은 어리석은 짓"이라고 생각하는 사람들이 있었지요. 어느 시대에나 전쟁에 반대하는 목소리가 있었어요. 이들의 목소리가 조금 더 컸다면 어땠을까 조심스레 생각해봅니다.

1권과 2권을 다시 내고 3권을 새로 묶는 수고로운 일에 많은 분이 과분한 도움을 주셨습니다. 비아북 식구들, 김경희 작가님 부부와 차효라 님, 성현석 기자님, 권은경 님, 김은미 님, 오수연 작가님, 모두 감사드려요. 무엇보다도 오랜 시간을 기다려주신 독자님들께 제일 큰 감사를 드립니다.

2011년 늦봄, 김태권

| 일러두기 |

처음 책이 나올 때 《아랍인의 눈으로 본 십자군 전쟁》(김미선 옮김, 이희수 감수)의 표기에 맞춰 외국어 발음을 우리말로 옮겼다. 그로부터 여러 해가 지나면서 외국어를 표기하는 관행도 조금씩 바뀌는 듯. 이 분위기를 반영하여 새롭게 표기 원칙을 잡아본다.

1. 서유럽 인물은 되도록 출신 지역 또는 활동한 지역을 확인하여 그 지역의 표기를 따르도록 노력했다 : 기사 르노→기사 라이날드. 단, 연대기 작가의 이름은 라틴어 표기를 살려 적었다 : 아헨의 알베르투스, 샤르트르의 풀케르
2. 로마 교황청에서 활동한 인물의 경우 이탈리아어 표기를 택할까 망설였지만, 아직 일반적이지는 않은 듯하여, 이전 책대로 라틴어 표기를 따랐다 : 우르바누스 교황, 마틸다 백작
3. 고대 그리스어 발음에 따라 표기하던 동로마 제국의 인명과 지명은, 중세 그리스어 발음을 살려 적었다 : 알렉세이오스 콤네노스→알렉시오스 콤니노스, 안나 콤네나→안나 콤니니, 도릴라이온→도릴레온
4. 고대 중근동의 인명 역시 현지어 표기로 변경할까 고민하였으나 전처럼 고대 그리스어 표기를 따랐다. 이 인물들이 헤로도토스의 《역사》를 통해 우리에게 익숙하기 때문이다. 단, 고대 그리스어 모음 '입실론'의 경우 초판에서 'ㅟ'로 쓰던 것을 요즘 표기 추세에 따라 'ㅣ'로 바꾸었다. : 퀴로스→키로스, 캄뷔세스→캄비세스
5. 투르크 인명은 터키어 표기 세칙이 없어서 국립국어원 외래어 표기 일반 원칙 및 터키어 용례를 따랐다 : 클르츠 아르슬란→킬리치 아르슬란
6. 아랍어 표기에서 자음 '까프(q)'는 'ㄲ'로 표기하였다 : 쿠란→꾸란. '꾸란'의 경우 성문파열음을 살려 '꾸르안'으로 적자는 의견도 있지만(정수일), 아직 일반적이지는 않은 듯하다.
7. 중복된 자음은 살려 표기하였다. : 무함마드, 압바스
8. 관행으로 굳은 인명과 지명은 이미 널리 통하는 발음에 따랐다. : 아사신, 누레딘, 살라딘

차례

김태권의 십자군 이야기 ③ 예루살렘 왕국과 멜리장드

추천의 글 빵빵한 지식, 뛰어난 유머! 지식만화의 새 지평을 열다 —박재동 _4
야만적 역사를 고발한다 —진중권 _5
작가의 말 관점을 바루기란 어려운 일 _6

들어가며 이슬람 세계의 탄생 _10
이브라힘과 두 아들 / 예언자 무함마드 / 메카 대 메디나 /
메카 순례 / 정통 칼리파 시대 / 이슬람과 사회 정의 /
알리 대 무아위야 / 순니와 시아 / 다마스쿠스 /
바그다드 / 안달루시아 / 카이로 / 이슬람 세계와 십자군

③ 예루살렘 왕국과 멜리장드
1장 십자군의 후예 _40
2장 음모와 배신 _92
3장 장기의 등장 _130
4장 폴크의 수난 _168

박물관탐방 이민역사박물관에 가다 _210

연표 _224
도움을 받은 책 _231

Regnum Hierosolymitanum

들어가며

이슬람 세계의 탄생

이브라힘과 두 아들

예언자 무함마드

메카 대 메디나

이슬람에서도 **예수**를 거룩한 예언자로 본다. 다만…

아랍 이름으론 '**이사**'라는 군요.

예수가 처형당했을 리 없다고 생각한다.

십자가에 달렸던 건 다른 사람 이었겠죠.

— 배신자 유다 라거나….

예수의 십자가에서의 죽음은 원죄 상태로 태어나는 인간의 죄를 대속하기 위한 필연적 죽음이라고 기독교에서는 말한다. (…) 이슬람 전통에서는, 신에서 예수에게 부여한 진정한 사명은 (…) 신의 가르침에 따른 올바른 인도로 인류를 구원하는 것이었다고 보고 있다.

— 손주영

흑, 이 논쟁에 말려들 생각은 없는데요, 아무튼.

무함마드 역시 살아서 저항하는 길을 택했다.

이웃 도시 **야스리브**로 거점을 옮긴 후,

이 사건을 **히즈라**(헤지라) 라고 합니다.

그곳에 신앙 공동체를 꾸리고 메카와 싸우기 시작했다.

야스리브는 훗날 **메디나**라는 이름으로 유명해지죠.

메카 순례

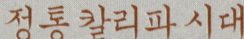

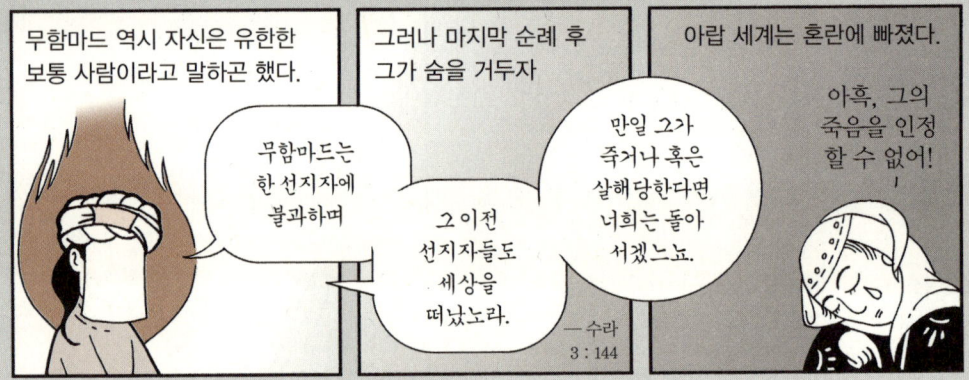

이슬람과 사회 정의

알리 대 무아위야

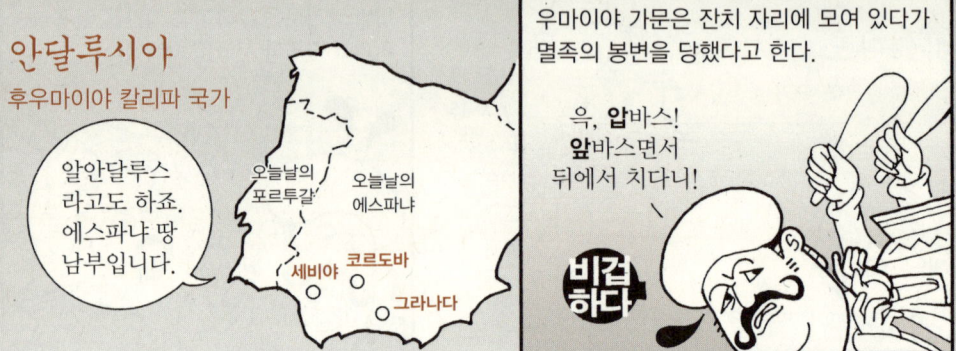

안달루시아
후우마이야 칼리파 국가

> 이슬람 문명의 특성으로 가장 두드러진 점은 통합력과 관용성을 들 수 있으며 이러한 면은 안달루스에서도 그대로 이어졌다. 즉 안달루스 문명은 (…) 이슬람 문명의 바탕 위에, 비이슬람 교도들에게도 지적 활동의 자유를 제공함으로써 새로운 문명 창조에 참여할 수 있게 하였다. (…) 안달루스는 서유럽 학자들이 지식을 구하려 몰려드는 학문과 문화의 중심지가 되었다.
> — 김능우

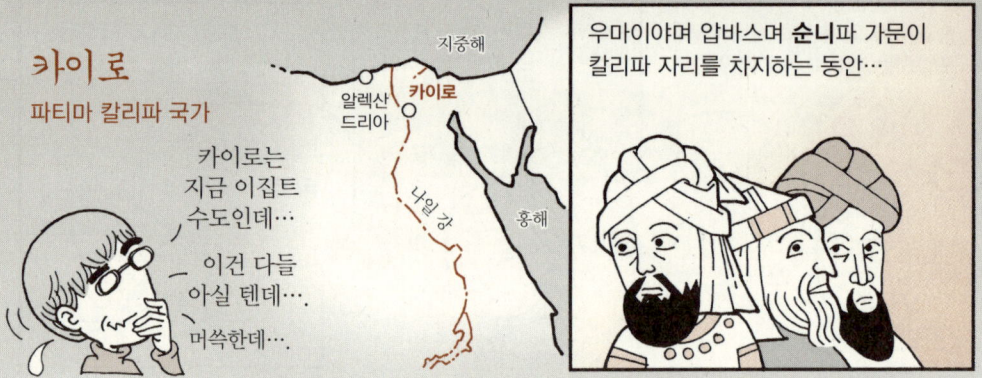

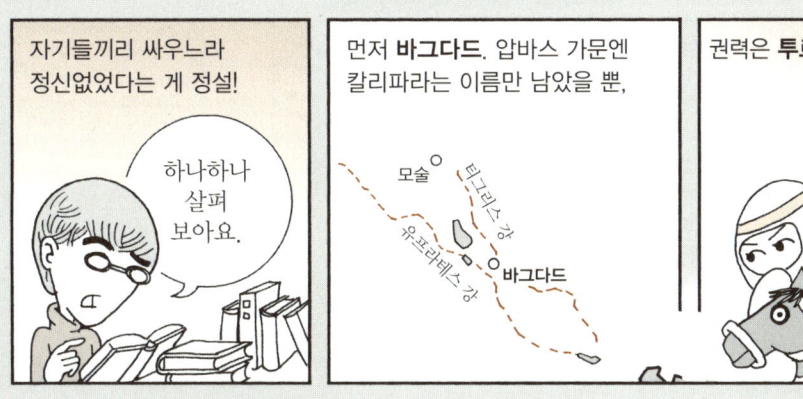

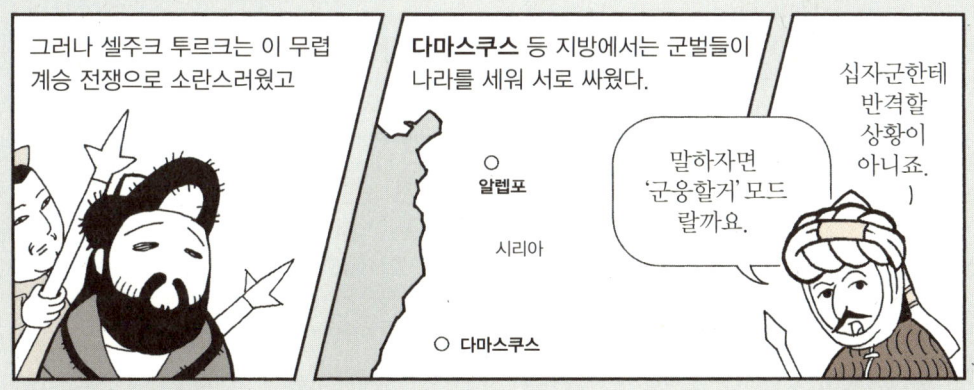

예루살렘이 1099년 점령되어 무슬림과 유대교도 주민들이 무참하게 학살당하였다. (…) (그러나) 이 지역은 그저 방치되었다. (…) 무슬림 세계의 눈에 비친 십자군 원정은 대수롭지 않은 사건이었고 심각한 위협으로 생각하지 않았다. 십자군 국가들은 그저 묵인되어 계속 존속했을 뿐이었다.

— 손주영

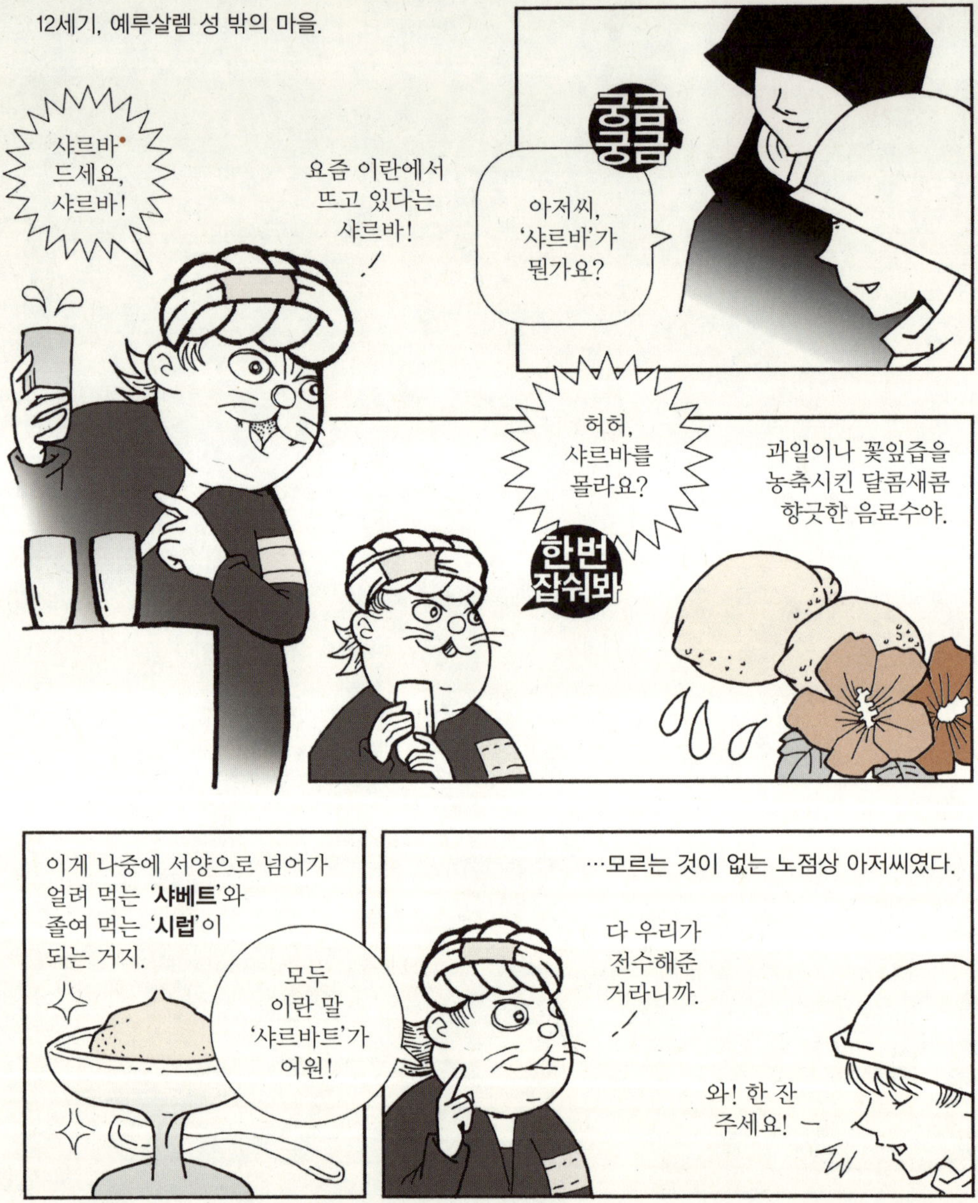

1장 | 십자군의 후예 † 43

1126년~1129년　멜리장드와 알릭스, 예루살렘 왕국 두 공주의 결혼

1129년~1130년　십자군 국가들의 다마스쿠스 원정과 그 의외의 결과

1130년~1132년　안티오키아의 모반, 장기와 아이유브 형제의 만남

1136년~1144년　몽페랑 전투와 샤이자르 전투, 멜리장드의 집권

1장
십자군의 후예

끝없는 힘 대결의 악순환! 결국 우리 모두 불행해진다고요.

본문 88쪽

1차 십자군전쟁! 그 침공의 결과,

…4개의 나라가 새로 생겼다. 이를 '**십자군 국가**'라고 한다.

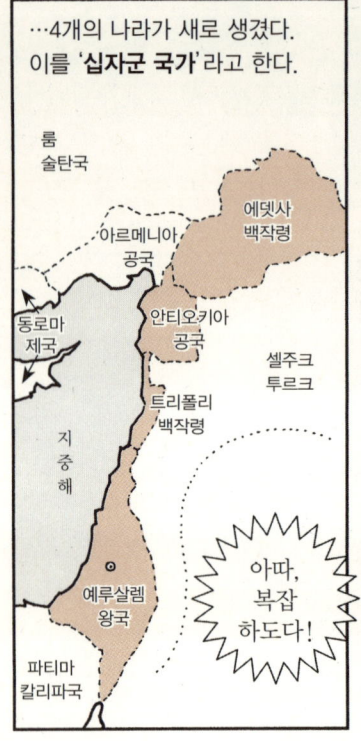

에뎃사 백작령의 보두앵 백작.

예루살렘의 2대 왕이 되지요.

안티오키아 공국의 보에몽 공작.

트리폴리 백작령의 레몽 백작.

그리고 예루살렘 왕국의 초대 통치자 고드프루아!

보에몽은 이 와중에도 욕심을 부리다 땅을 잃고 쫓겨났거니와, …아무튼.

크르렁! 다시 군대를 모아 돌아오겠다.

아일비백

무슬림들은 이 '새로운 이웃'을 **환영**하지 않았다.

환영은 개뿔, **환장**하겠네.

크흑, 저 침략자들!

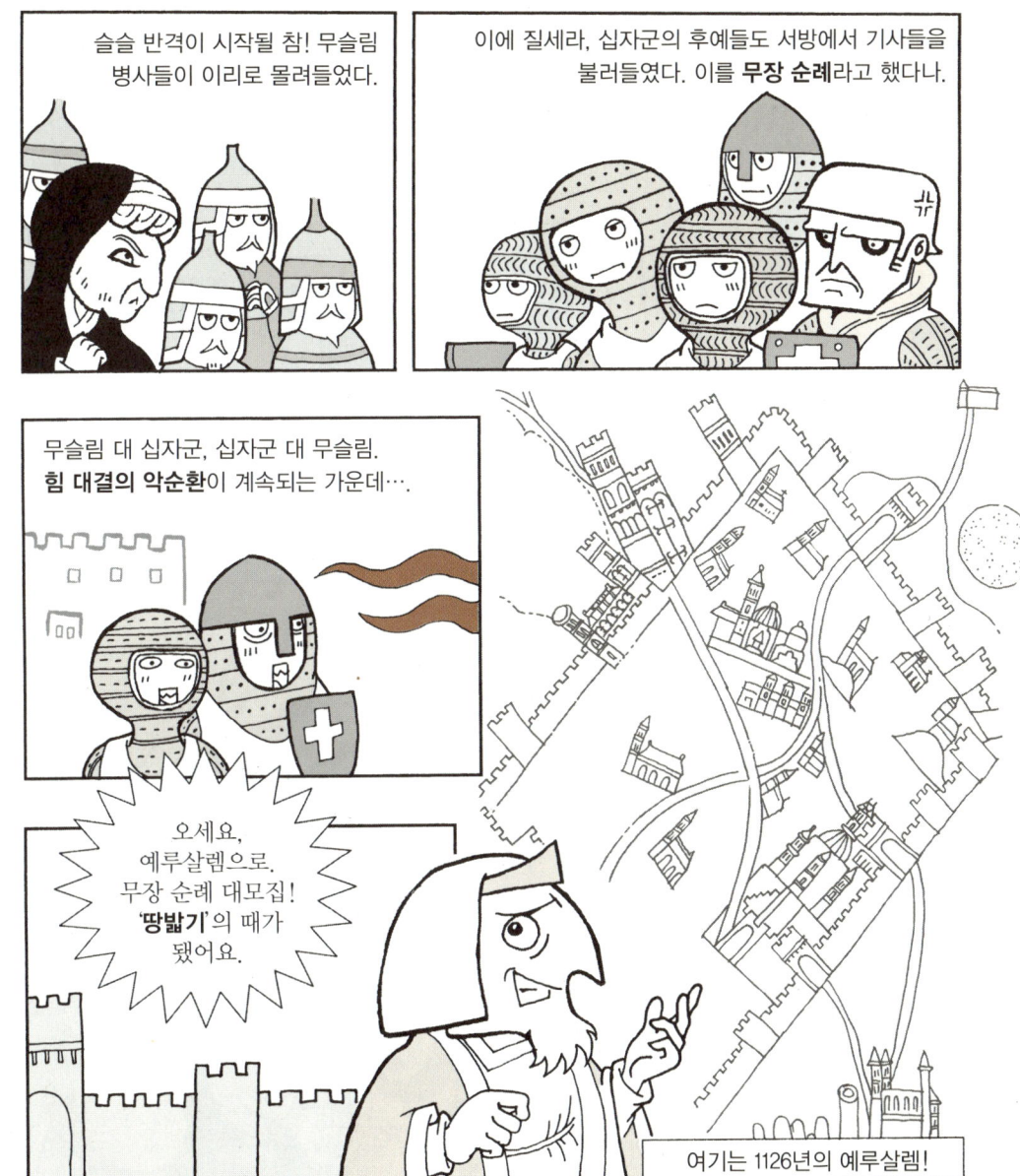

* 옴(heaume) : 머리와 얼굴을 통째로 가리는 투구. '중동' 지역에는 12세기 말, 유럽에는 13세기 전반에 널리 보급됨.

너무도 뜨거운 우트르메르의 열기!

보에몽 얼굴을 한 이 사내, 훌렁훌렁 옷을 벗더니

뒤뜰 우물가에서 등목을 하는데…

그런 그를 두 공주가 나무 그늘에 숨어 훔쳐보고 있었다.

언니, 언니, 저기 좀 보우!

아이참, 망측하지 뭐야♥

아흐, 저 **냉동실 얼음 트레이**처럼 올록볼록한 복근!

아흐, **김치 냉장고** 같이 다부진 어깨!

드럼 세탁기마냥 튼실한 저 장딴지!

노래는 계속….

보아라, 보에몽 공작. 두라초를 침공했도다.

그러나 동로마 수비대의 저항이 만만치 않자,

공작은 고민에 빠졌더라!

급히 긁어 모은 군대라 **사기**가 영.

사기를 올릴 묘책이 없을까?

공성병기 사우(sow)

아니, 저것은?

그, 그, **그리스의 불**이다!

사람 살려

그리스의 불 동로마 제국의 무기. 통에 넣어 멀리 던지거나 오늘날 화염방사기처럼 불꽃을 쏘기도 했다. 물 위에서도 꺼지지 않았는데, 정확한 제조법은 오늘날에도 베일에 싸여 있다.

우트르메르의 십자군 국가

우트르메르(outremer)란 프랑스 말로 '바다(mer) 너머(outre)'라는 뜻. 문자 그대로 '해외(海外)'를 의미한다. 그러나 대서양을 건너다니던 시대는 아니었으므로 보통 중세 시대에 우트르메르라고 하면 지중해 너머 '중동' 지역과 그곳의 십자군 국가를 가리킨다. 십자군 국가들은 독자적으로 안보를 유지하기 어려웠으므로 서유럽 본국의 지원과 이른바 '무장 순례'에 의지했다. 프랑스 및 서유럽 해외 식민지 경험이 여기서 시작되었다고들 한다.

우트르메르 2세대의 정체성

작가 조에 올덴부르는 예루살렘 왕국의 두 공주 멜리장드와 알릭스의 생애에 적지 않은 관심을 기울인다. (이 책의 주인공을 멜리장드로 삼은 것도 올덴부르에 빚진 것이다.) 2세대였던 멜리장드와 알릭스는 중동 사람도 아니고 유럽 사람도 아닌, 우트르메르 사람 고유의 정체성을 가졌다고 조에 올덴부르는 분석한다. 이후의 역사에서 확인하듯, 우트르메르 2세대는 서유럽에서 온 제후들과 묘한 긴장을 유지한다. 이것 역시 '중동' 정세의 한 변수.

프랑크인의 왕과 여왕. (19세기의 판화에서)

1126년~1129년　멜리장드와 알릭스, 예루살렘 왕국 두 공주의 결혼

1129년~1130년　십자군 국가들의 다마스쿠스 원정과 그 의외의 결과

1130년~1132년　안티오키아의 모반, 장기와 아이유브 형제의 만남

1136년~1144년　몽페랑 전투와 샤이자르 전투, 멜리장드의 집권

2장

음모와 배신

낭만적 사랑! 이것이야말로 중세 최대의 발명품이거니와…
본문 125쪽

2장 | 음모와 배신 95

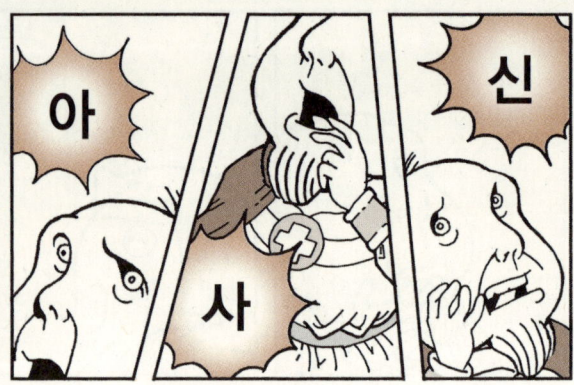

•3초 영어 : assassin 암살자, assassinate 암살하다, assassination 암살.

아사신은 어떤 조직?

'아사신'만큼 후세의 평가가 엇갈리며 호기심을 자아내는 조직은 없을 것이다. 암살단이라는 이미지에서 오늘날 '중동' 지역의 극단주의 테러 조직을 연상하기 쉽지만, 살펴보면 성격이 다른 것 같다. 아사신은 십자군에 전면적으로 찬성도 반대도 하지 않았고, 오히려 십자군과 맞선 주요 무슬림 지도자들을 암살하는 일이 잦았다. 한편 아사신이 오늘날 알려진 것처럼 그렇게 호전적인 조직이 아니라는 연구도 있다. 이 문제는 다음 책에서 다루고자 한다.

2장 | 음모와 배신 † 103

끄응.

아빠! 내 얼굴을 봐서라도

안티오키아를 용서해주세요! 보에몽도 앞으론 새사람이 되기로 약속했어요.ㅠㅠ

날 이리로 시집 보낸 건 아빠라고욧!

보두앵은 머쓱해져 돌아섰고…

안티오키아는 살아났는데….

아흑, 살았다!

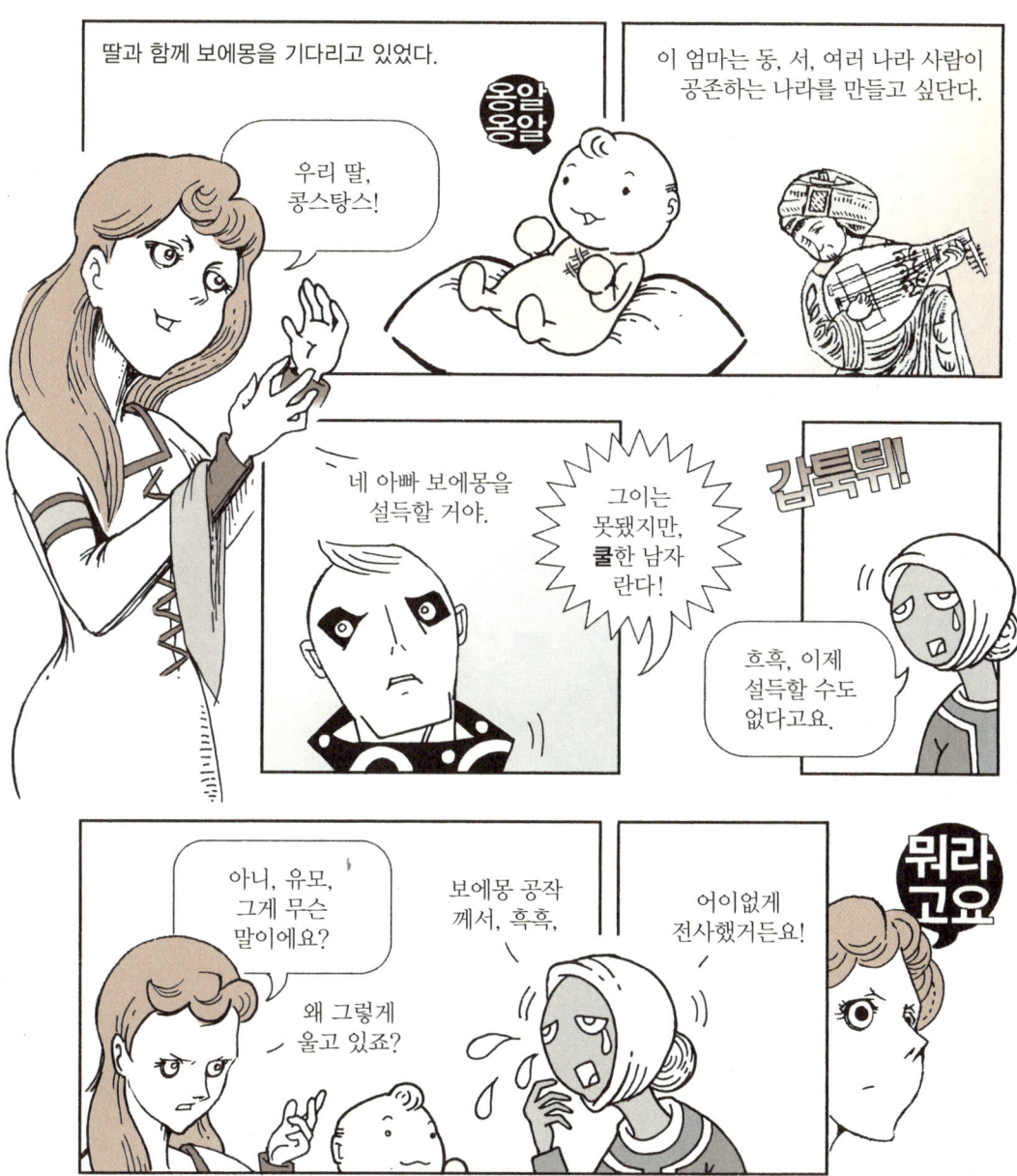

1126년~1129년　　멜리장드와 알릭스, 예루살렘 왕국 두 공주의 결혼

1129년~1130년　　십자군 국가들의 다마스쿠스 원정과 그 의외의 결과

1130년~1132년　　**안티오키아의 모반, 장기와 아이유브 형제의 만남**

1136년~1144년　　몽페랑 전투와 샤이자르 전투, 멜리장드의 집권

3장

장기의 등장

결국 무슬림들끼리 다투느라, 침략자를 응징할 절호의 찬스를 놓친 겁니다.

본문 154쪽

3장 | 장기의 등장 † 139

예루살렘, 대권의 향방

예루살렘 왕국은 초기에 후계 문제로 골치를 앓았다. 첫 통치자 고드프루아가 후손이 없이 숨을 거두었기에, 에뎃사에 있던 그의 동생 보두앵 1세를 영입해야 했고, 세 번째 통치자 보두앵 2세는 역시 왕국을 물려받으러 온 그들의 사촌이었다. 보두앵 2세는 딸 멜리장드와 사위 풀크가 공동 통치를 하기 원했고, 죽기 전까지 멜리장드의 지분을 확보하기 위해 많은 노력을 기울인다. 그러나 대권을 독점하기 바란 풀크는 야비한 방법을 쓰는데……

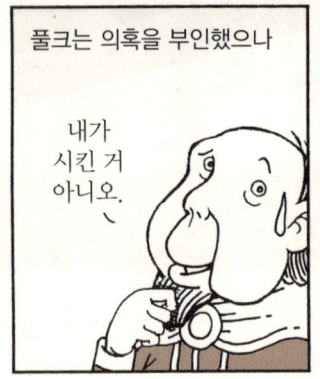

— 스탠리 레인 폴

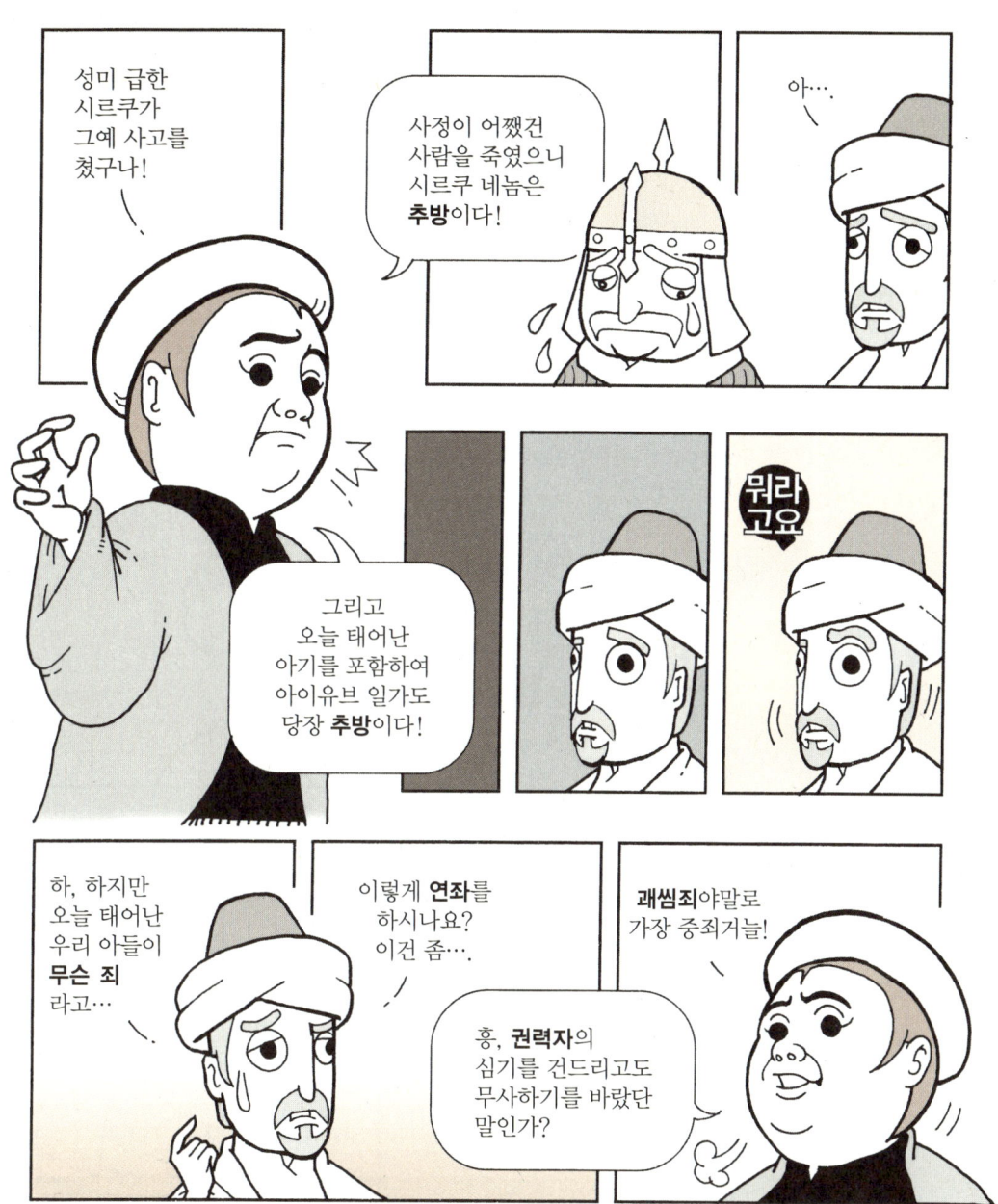

- 1126년~1129년 ○──── 멜리장드와 알릭스, 예루살렘 왕국 두 공주의 결혼
- 1129년~1130년 ○──── 십자군 국가들의 다마스쿠스 원정과 그 의외의 결과
- 1130년~1132년 ○──── 안티오키아의 모반, 장기와 아이유브 형제의 만남
- 1136년~1144년 몽페랑 전투와 샤이자르 전투, 멜리장드의 집권

4장

풀크의 수난

아흑, 우리 일들은 어째서 꼬였을까요?

본문 204쪽

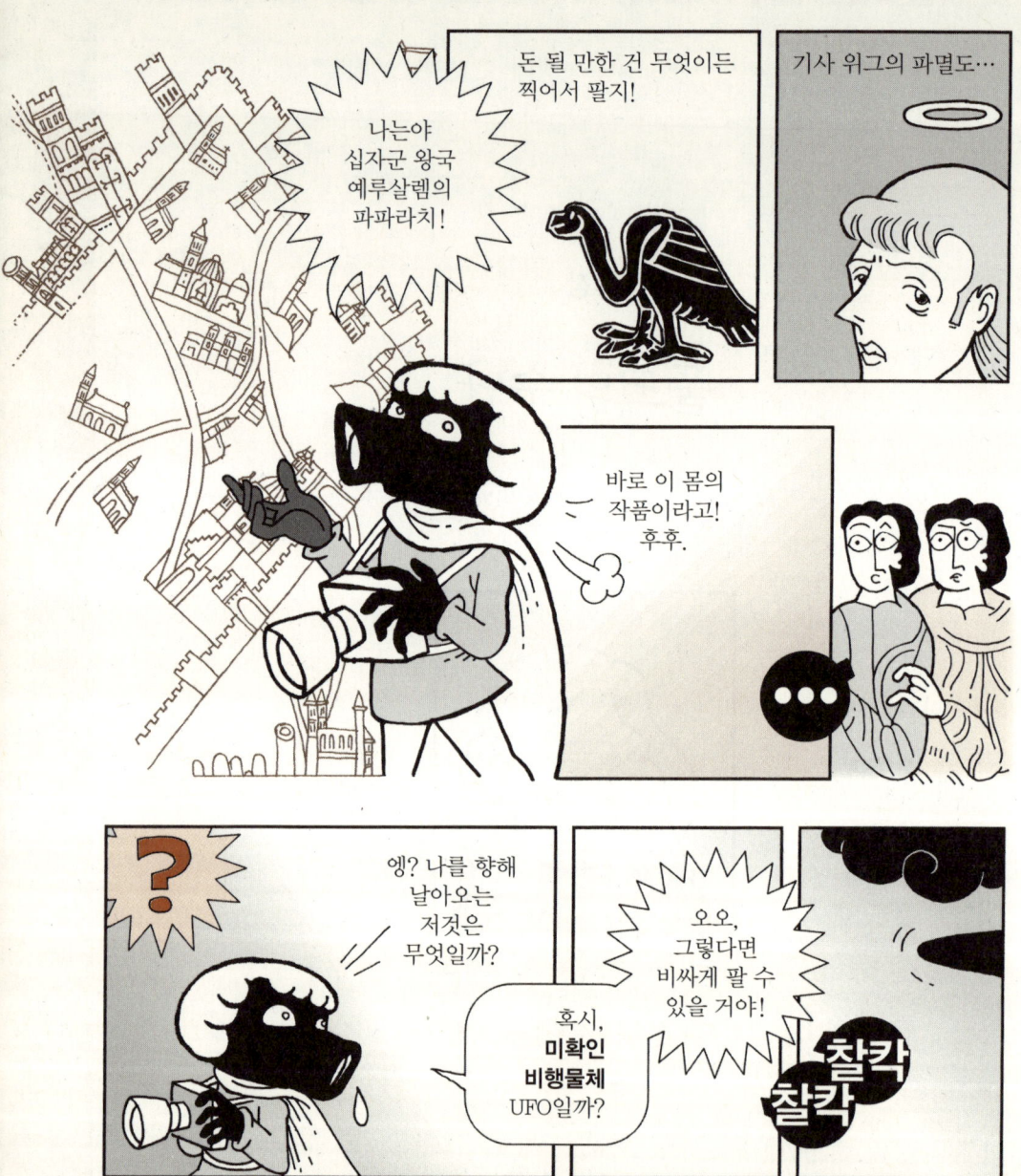

4장 | 풀크의 수난

황제의 가족사

요안니스 콤니노스의 아버지는 우리도 잘 알고 있는 유명한 알렉시오스 콤니노스 황제(1048~1118)이다. 알렉시오스가 죽기 얼마 전부터 대권을 둘러싼 궁중 암투가 치열했다. 누이 안나 콤니니와 그 남편을 꺾고 황제가 된 요안니스는, 안나 콤니니를 수녀원에 유폐한다. 안나는 그곳에서 아버지의 일대기를 기록한 역사서 《알렉시아스》를 남겼다. 한편 요안니스는 1143년 사냥터에서 화살 오발 사고로 부상을 입고 사망한다.

오직 한없이 가지고 싶은 것은 높은 문화의 힘이다. 문화의 힘은 우리 자신을 행복되게 하고, 나아가서 남에게 행복을 주겠기 때문이다.

(…) 내가 원하는 우리 민족의 사업은 결코 세계를 무력으로 정복하거나 경제력으로 지배하려는 것이 아니다. 오직 사랑의 문화, 평화의 문화로 우리 스스로 잘 살고 인류 전체가 의좋게, 즐겁게 살도록 하는 일을 하자는 것이다.

― 백범 김구

풀크, 위그, 멜리장드

멜리장드와 위그는 어떤 사이였을까? 풀크와 서유럽 출신 귀족들은 이 둘이 불륜이 아닐까 의심하였으나, 당시 상황을 차근차근 검토해보면 그렇게 단정 지을 근거는 없다고. 위그를 죽인 것은 풀크일까? 누구나 의심할 만한 상황이지만 풀크 본인은 강하게 부인했다. 풀크와 멜리장드의 관계는? 위그 사후 멜리장드는 크게 분노했지만, 몇 해 지난 후 풀크의 아이를 낳은 걸 보면 둘 사이가 완전히 파국으로 치닫지는 않은 듯. 역학 관계만으로 설명하기에는 적당하지 않은 부분이 생긴다. 이것이 서양 중세 역사의 특징일지도 모르겠다.

왕비와 레몽 사이에 **불**꽃이 튀었고,

아아, **사랑**의 **불**꽃이여!

불쌍한 왕은... 질투의 **불**길에 휩싸인다.

사랑? 크흑! **불**륜이겠지.

불안 하구나.

불길한 예감이 드네.

이제 과연 어찌 될 것인가?

《김태권의 십자군 이야기》 4권을 기다려야 겠군!

이번엔 빨리 좀 나오길.

4권에 계속….

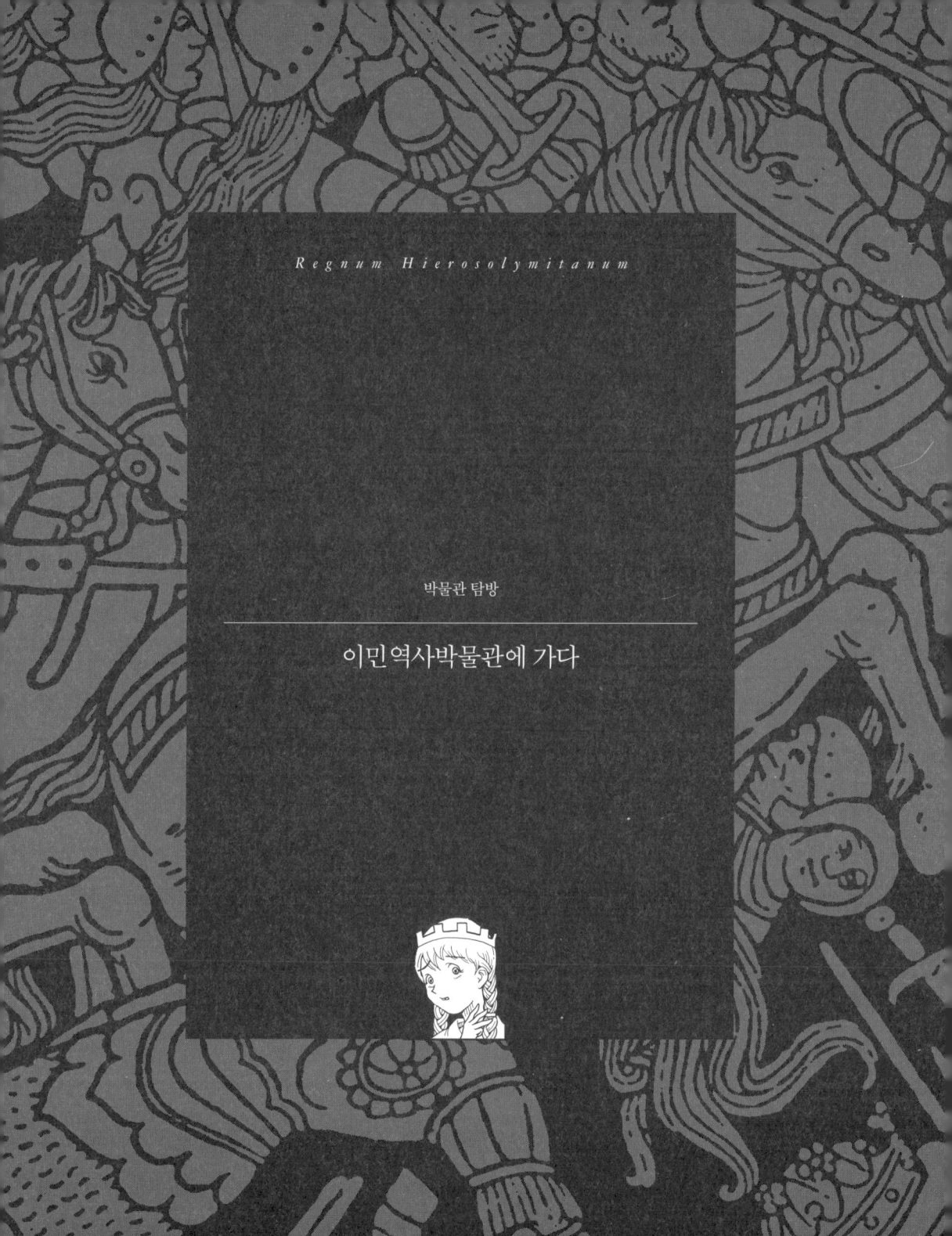

Regnum Hierosolymitanum

박물관 탐방

이민역사박물관에 가다

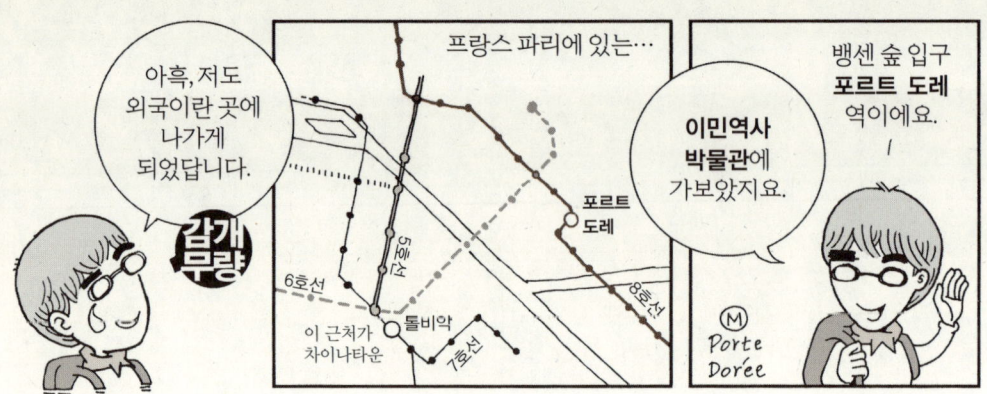

아미드 드바라의 사진 역작,
〈트레클루아트르 거리 합숙소의 연대기〉 중

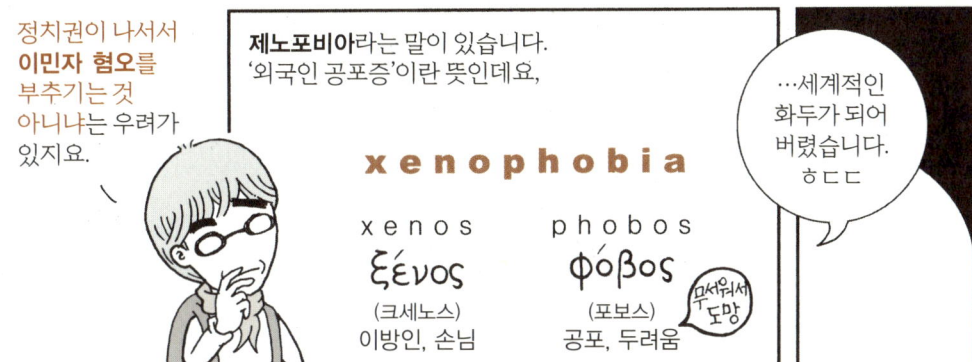

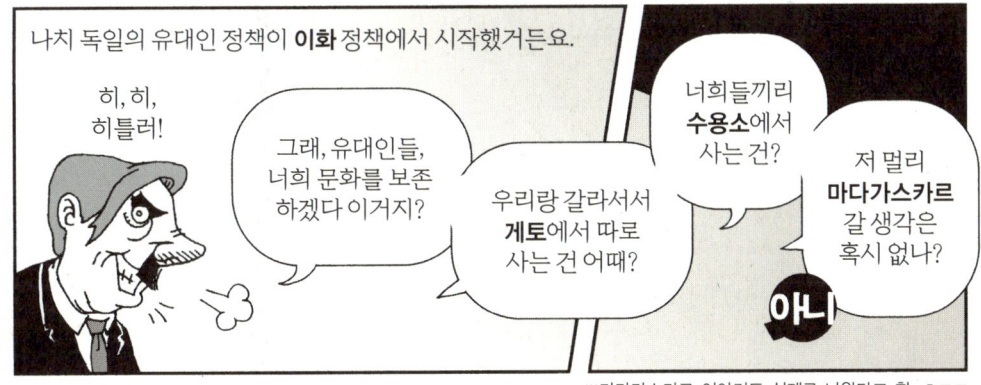

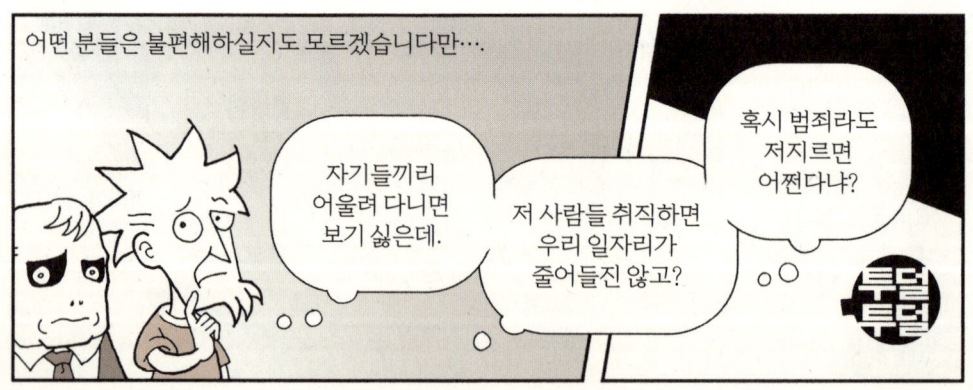

김태권의 십자군 이야기 1

1095년 11월 27일   교황 우르바누스 2세가 원정 계획을 발표하다.

1096년   유럽 각지에서 군중십자군이 일어나다. 이후 천 년간 계속될 서유럽 유대인 학살의 역사가 여기에서 시작한다. 은자 피에르가 이끄는 군중십자군이 니케아 근교에서 전멸.

김태권의 십자군 이야기 2

1097년   1차 십자군의 대규모 침공. 니케아의 함락. 도릴레온에서의 결전. 안티오키아 포위.

1098년   에뎃사에 백작령 설치. 알렉시오스 1세와의 협약이 깨어지다. 안티오키아와 마라트안누만의 학살. 보에몽이 안티오키아를 무단으로 점거하고 공국을 설치하다.

1099년 6월 15일   예루살렘 함락과 대학살.

1100년   예루살렘의 권력을 둘러싼 음모와 암투. 예루살렘 왕국의 성립.

1101년   서유럽에서 온 1101년의 십자군이 전멸당하다. 이제 십자군은 소수의 병력으로 방어를 펼쳐야 한다.

1104년	하란 전투에서 무슬림의 승리. 보에몽의 몰락.
1107~8년	기상천외한 방법으로 탈출에 성공한 보에몽은 서유럽에서 새로운 군대를 조직하여 동방 비잔틴 제국을 침공한다. 두라초 공방전.

김태권의 십자군 이야기 ③

1109년	트리폴리 함락. 이로써 4개의 프랑크 식민국가가 형성된다 : 에뎃사 백작령(1097), 안티오키아 공국(1097), 예루살렘 왕국(1100), 트리폴리 백작령(1109).
1111년	바그다드에서의 대규모 시위. 민중은 십자군에 대한 반격을 요구한다.
1118년	템플러(성전 기사단)의 창립.
1119년 7월 28일	아제르 상귀니스(피의 들판) 전투. 안티오키아의 7천 기사가 전멸하다.
1125~6년	십자군에 대한 반격을 주도하던 이슬람 지도자들이 암살단 아사신에 의해 암살. 서방의 중동 지배가 기정사실로 보인다.
1127~8년	이슬람 지도자 장기, 모술과 알렙포를 장악하여 강력한 세력을 형성. 중동에 있던 십자군 식민국가에 큰 위협이 된다.

1130년	안티오키아의 알릭스 공주, 장기와 동맹을 맺고, 아버지 보두앵 2세에 대항하는 반란을 일으키다.
1131년	멜리장드 공주와 위그 드 퓌세의 염문설. 풀크는 예루살렘의 권력을 독점하려 든다. 예루살렘 왕국의 혼란과 위그의 죽음.
1132년	무슬림끼리의 내분에 휘말린 장기는 전투에 패하고 궁지에 몰리지만, 티크리트에서 아이유브와 시르쿠 형제의 도움으로 목숨을 구하다. 아이유브 가문이 역사의 무대에 등장하다.
1135년	다마스쿠스에서 주무르드 공주의 쿠데타. 자신의 아들을 살해하다.
1137~8년	프랑크 국가들과 동방 비잔틴 제국이 동맹을 맺고 샤이자르를 공격한다. 장기는 정치적, 군사적 수완을 발휘하여, 공격군을 물리치고 동맹을 와해시킨다.
1140년	다마스쿠스와 예루살렘 왕국의 동맹.
1144년	장기에 의한 에뎃사 백작령 국가(1097~1144)의 멸망. 십자군이 세운 가장 오래된 식민지가 무너지다.
1144~6년	이슬람에 대한 반격을 주장하며 제2차 십자군의 여론이 형성되다. 성 베르나르두스의 설교.
1145년	사제왕 요한(프레스터 존)에 대한 소문이 서유럽 세계에 널리 퍼지다. 프

	레스터 존 전설에 따르면 멀리 동아시아(중국)의 기독교 군주인 사제왕 요한이 십자군을 돕기 위해 대규모의 병력을 이끌고 무슬림을 협공하러 오고 있다는 것이다.
1146년	2차 십자군의 침공을 앞둔 시점에서 장기가 어처구니없는 죽음을 맞다. 그 아들 누레딘(누르 앗 딘)의 권력 승계. 서유럽에서는 엘레오노르 왕비가 문화 부대를 이끌고 2차 십자군에 참전한다.

김태권의 십자군 이야기 ❹

1152년	엘레오노르가 남편 루이 7세를 내치고 영국의 헨리 2세와 재혼한다. 훗날 백년전쟁의 씨앗이 된다.
1154년	누레딘, 다마스쿠스를 접수. 서방을 위협하는 강력한 세력을 형성.
1163년	쿠르드 전사 아이유브의 아들인 살라딘(살라흐 앗 딘)이 그의 숙부 시르쿠와 함께 누레딘의 명을 받아 이집트에 파견.
1174년	갈등을 빚던 주군 누레딘의 사망으로, 살라딘은 독자적 세력을 확장한다. 이후 1186년까지 이집트와 시리아 전역을 통일하여 서방 세력을 압도하는 무슬림 국가를 형성.
1187년	하틴 전투에서 살라딘의 승리. 예루살렘 왕국(1100~1187) 멸망.

김태권의 십자군 이야기 ⑤

1189년   예루살렘을 재정복하기 위한 3차 십자군. 그러나 바르바로사(붉은 수염)라는 별명을 가진 독일 황제 프리드리히 1세가 어이없이 사망하여 전력에 타격을 입는다.

1191년   아크레 전투. 엘레오노르가 헨리 2세와 재혼하여 낳은 아들인 사자심왕 리처드가 맹활약한다.

1192년   십자군 지휘부의 내분. 살라딘, 십자군과 화평조약.

1193년   살라딘 사망(55세). 아이유브 술탄국은 권력 승계를 둘러싼 내전으로 혼란.

1194년   사자심왕 리처드가 영국에 귀환하여 동생 존이 빼앗은 왕위를 되찾는다.

김태권의 십자군 이야기 ⑥

1204년   4차 십자군의 탈선. 4차 십자군은 베네치아와 결탁하여 콘스탄티노플을 함락, 약탈하고 서방의 괴뢰국가를 건설한다.

1209년   알비 십자군이 결성되어 시몬 드 몽포르의 지휘로 서유럽 내에서의 이단 사냥이 자행되다. 같은 해, 프란체스코가 이단 혐의를 받지 않고 교황청의 공인하에 수도회를 결성하다.

1212년	소년십자군의 참극.
1218~9년	우트라 사건으로 분노한 칭기즈 칸, 호라즘을 응징하기 위해 군사를 서방으로 돌리다. 훗날 중동과 유럽을 휩쓰는 몽골 서방 원정의 시작.
1218~21년	5차 십자군의 이집트 침공. 살라딘의 후계자인 알 카밀에게 격퇴당하다.
1221년	아시아의 다윗 왕에 대한 소문이 서유럽에 퍼지다. 프레스터 존 전설의 후속편이라고도 말할 수 있는 이 전설에 따르면 기독교 군주 다윗 왕이 무슬림을 무찌르며 서쪽으로 오고 있다는 것이다.
1227년	7~8개 국어에 능통한 시인이자 학자이기도 했던 서방 황제 프리드리히 2세가 십자군을 일으키라는 교황의 명령을 무시하여 파문.
1229년	프리드리히 2세가 평화 외교를 통해 알 카밀로부터 예루살렘을 넘겨받는다. 이때 데려간 병사들이 6차 십자군이지만, 실제로는 전투 대신 대화가 있었을 뿐이다.
1239년	프리드리히 2세, 독일에서 군대를 일으켜 이탈리아의 교황을 공격한다.
1244년	예루살렘은 다시 무슬림의 손에 넘어간다.
1248년	성왕(聖王) 루이의 7차 십자군이 결성되다.

1250년	맘루크(노예 무관)들의 쿠데타. 정권을 장악한 맘루크들은 아이유브 가문의 술탄들보다 더욱 강력한 반서방 노선을 채택한다.
1258년	칭기즈 칸의 손자인 훌라구가 바그다드를 점령한 후 대학살을 저지른다.
1260년	아인 잘루트 전투에서 맘루크들이 몽골 기병대를 저지하다.
1261년	동방 비잔틴 제국의 망명정부가 콘스탄티노플을 수복하다. 라틴 제국(1204~1261)의 명망. 그러나 과거의 영화를 다시 찾을 수는 없었다.
1268년	술탄 바이바르스가 몽골과 손을 잡았던 안티오키아를 점령한 후 피비린내 나는 복수를 감행한다. 안티오키아 공국(1097~1268)의 멸망.
1270년	성왕 루이의 8차 십자군.
1289년	트리폴리 백작령(1109~1289)의 멸망.
1291년	아크레 수복. 이로써 200년에 걸친 서방의 식민 통치가 종식되다.

이슬람 세계에 대한 책들

《이슬람 : 교리, 사상, 역사》, 손주영, 일조각, 2005.

800여 쪽에 달하는 알차고 방대한 논문집. 이슬람 세계에 대해 거부감을 가진 분이라면 특히 서장〈이슬람의 이해〉와 제2장〈예언자 무함마드〉, 그리고 무엇보다도 제9장〈이슬람과 인권〉을 꼭 읽어보시길.

《마호메트 평전》, 카렌 암스트롱, 유혜경 옮김, 이희수 감수, 미다스북스, 2002.

600여 쪽이 넘는 무함마드의 전기. 왜 이렇게 이슬람에 유리한 이야기만 써놓은 것이냐, 저자가 무슬림이냐 궁금해하실 독자도 있을 듯. 사실은 전혀 그렇지 않다. 저자 카렌 암스트롱은 저명한 종교학자로, 오히려 그녀의 사상적 뿌리는 가톨릭에서 찾을 수 있다. (카렌 암스트롱은 젊은 시절 7년간 수녀로 지냈다.) 이 책을 읽으면 이슬람에 대해 열린 마음을 가질 수 있을 듯.

《성 꾸란 : 의미의 한국어 번역》, 최영길 옮김, 파하드국왕꾸란출판청 편찬, 1997.

꾸란은 아랍어 이외의 언어로 번역이 금지되어 있다. 이 사실에 대해 거부감을 가질 수도 있는데, 사실 기독교도 오랜 시간 동안 히브리어·그리스어·라틴어 이외의 언어로 성서를 번역하지 못하게 했다는 점을 상기할 필요가 있다. 그나마 '함부로(?)' 성서를 번역했다간 목숨이 위태위태하던 서구 전통과는 달리, 꾸란은 '의미의 번역'이라는 우회로를 취할 수 있다. 책의 부제가 '의미의 한국어 번역'이라고 된 것은 이러한 때문. 눈길을 끄는 부분은 이 책에서 '알라'를 하나님으로 번역한 것. 알라라는 말의 뜻이 유일신이므로 하나님으로 옮기는 것도 일리는 있어 보인다. 그래서인지, 읽다 보면 그다지 이질적이란 생각은 들지 않는다.

《성경과 코란 : 무엇이 같으며 무엇이 다른가》, 요아힘 그닐카, 오희천 옮김, 중심, 2005.

저자 요아힘 그닐카는 독일의 사제. 기독교적 전통에 서서 꾸란을 이해하고자 노력한다. 조금 건조하지만, 논의를 천천히 따라가다 보면 이 책 특유의 재미를 느낄 수 있다.

《성경과 대비해서 읽는 코란》, 무함마드 아하마드 지아드, 김화숙·박기봉 옮김, 비봉출판사, 2001.

아주 재미있게 읽을 수 있지만 위험한 부분도 있다. 꾸란의 내용을 시간순에 따라 인물별로 정리하여, 성서와 비교해놓았는데, 옛날이야기처럼 술술 잘 읽힌다. 그러나 문제도 있다. 재구성하고 풀어 쓴 내용이기 때문에, 원래의 꾸란과는 다르다는 점. 특히 이야기라는 형식 때문에, 다양한 해석이 엇갈리는 논쟁적인 부분에 관해서도 보통 한 가지 해석만 제시되는 점이 문제. 읽고 난 후 다른 책을 읽어야 할 듯.

《Le Monde Arabe : Les Encyclopes》, Mohamed Kacimi, Institut du monde arabe, 2007.
어린이·청소년용으로 나온 아랍 세계에 대한 훌륭한 입문서. 파리에 있는 아랍세계협회(Institut du monde arabe)에서 입수한 책. 우리에게 낯선 이야기들이 아주 많다.

《아이들에게 들려주는 이슬람 이야기》, 타르 벤 젤룬, 김교신 옮김, 동문선, 2006.
아버지가 아들에게 이슬람의 문화와 역사에 대해 이야기 형식으로 들려준다. 이 작고 알찬 책에서 사실 가장 눈길을 끄는 부분은 이슬람의 역사보다도, 어려서 약간의 무슬림 교육을 받았지만 프랑스에서 완전히 세속적인 삶을 살고 있는 작가의 멘탈리티인 듯.

중세 전쟁에 대한 자료

《Saracen Faris : AD 1050-1250》, David Nicolle, illustraed by Christa Hook, Osprey Publishing, 1994.

《The Moors : The Islamic West 7th-15th Centuries AD》, David Nicolle, illustrated by Angus McBride, Osprey Publishing, 2001.

《Saracen Strongholds : AD 630-1050, The Middle East and Central Asia》, David Nicolle, illustrated by Adam Hook, Osprey Publishing, 2008.

《Byzantium at War : AD 600-1453》, John Haldon, Osprey Publishing, 2002.

《Byzantine Infantryman : Eastern Roman Empire c. 900-1204》, Timothy Dawson, illustrated by Angus McBride, Osprey Publishing, 2007.

《Norman Knight : AD 950-1204》, Christopher Gravett, illustrated by Christa Hook, Osprey Publishing, 1993.
아는 사람은 안다는 Osprey 출판사의 책들. 런던의 서점을 다니며 여러 권을 입수했는데, 도판도 내용도 훌륭. 궁금한 부분이 있을 때마다 책을 뒤지면 해결이 됨. 특히 여러 해 동안 궁금해하던 투르크 전사의 복식과 머리장식에 대해서 Osprey 책이 큰 도움을 주었다.

《新版 西洋騎士道事典: 人物·傳說·戰鬪·武具·紋章》, グランド オーデン 著, 堀越孝一 監譯, 原書房, 2002.
500쪽 가까운 알찬 자료가 사전식으로 빽빽하게 구성되어 있다. 무기와 갑옷에 대해 찾아볼 때 도움이 됨. 책 뒤에는 영어 알파벳으로 인덱스도 되어 있어서, 꽤 유용하다.

생활사 및 미술 자료

《Arab Painting》, text by Richard Ettinghausen, Skira, 1962.
아랍 회화 자료는 많지 않은데 큰 도움이 되었다. 서울대 도서관에서 이 책의 도판을 한 장 한 장 손으로 옮겨 그려 만화 그림에 이용하였다.

《Images en terres d'Islam》, Oleg Grabar, Réunion des musées nationaux, 2009.
파리에서 입수한 책. 아랍, 이란, 터키 등 이슬람 세계의 중세 채식 수사본 삽화를 120여 장이나 모아놓았다. 이슬람 세계의 미술이라면 건축과 서예가 주로 이야기되고 회화는 다소 마이너한 장르로 취급받지만, 회화에도 이렇게 아름다운 세계가 있는 줄 몰랐다. '들어가며'에 나오는 예언자 무함마드의 얼굴 초상이라면 이 책에서도 여러 장 확인할 수 있다.

《L'Enluminure à l'Époque Gothique : 1200-1420》, François Avril, Bibliotheque de l'Image, 1995.
화려한 중세 일러스트레이션의 세계. 사실 《김태권의 십자군 이야기》 3권의 배경은 고딕보다 약간 앞선 시대지만, 몇몇 그림들은 초기 고딕 시대의 채식 수사본 삽화를 참고하여 그렸다.

《The Chronicle of Western Costume : From the Ancient World to the Late Twentieth Century》, John Peacock, Thames & Hudson, 2003.
무척 내용이 많다. 시대별로 특징적인 의류와 액세서리에 대해 친절하게 설명해놓은 뒤의 부록이 특히 유용하다.

《김태권의 십자군 이야기》 1권, 2권에 이어 3권에서도 참고한 책들

이슬람 세계의 이해

《아랍 詩의 세계》, 김능우, 명지출판사, 2004.

《아랍문화의 이해》, 공일주, 대한교과서, 2000.

《이란사》, 김정위 편저, 한국외국어대학교출판부, 2001.

《중동사》, 김정위, 대한교과서, 1995.

《20세기 중동을 움직인 50인》, 손주영 외, 가람기획, 2000.

《이란 '팔레비' 王政의 崩壞過程 硏究》, 김택곤, 서울대학교 정치학과, 1983.

《이란 革命에 관한 硏究 : 혁명의 요인을 중심으로》, 진정효, 경남대학교 정치외교학과, 1985.

《우리가 몰랐던 아시아》, 아시아네트워크, 한겨레출판, 2003.

《이슬람문명》, 정수일, 창비, 2002.

《터키史》, 이희수, 대한교과서, 2000.

복식, 무기, 생활사 자료

《Medieval Warfare Source Book : Christian Europe and its Neighbours》, David Nicolle, 1996.

《Historic Costume in Pictures》, Braun & Schneider, Dover, 1975.

《Romanesque : Architecture · Painting · Sculpture》, Ed. by Rolf Toman, Feierabend Verlag, 2002.

《Costume 1066—1966》, John Peacock, Thames and Hudson, 1966.

《Handbook of English Medieval Costume》, C. Willet and Phillis Cunnington, Faber and Faber Ltd., 1969.

《Costume of the Classical World》, Marion Sichel, Chelsea House Publisher, 1980.

《이슬람 : 라이프 인간세계사》, 타임라이프 북스, 1981.

《예언자의 땅 : 이슬람》, 타임라이프 세계사, 고형지 옮김, 가람기획, 2004.

《The Bayeux Tapestry》, David M. Wilson, Thames and Hudson, 1985.

십자군 전쟁의 역사

《The Alexiad》, Anna Comnena, translated by E. R. A. Sewter, Penguin Books, 1969.

《The First Crusade : The Chronicle of Fulcher of Chartres and Other Source Materials》, Ed. by Edward Peters, University of Pennsylvania Press, 1998.

《The Crusades》, Zoé Oldenbourg, translated by Anne Carter, Pantheon Books, 1966.

《A History of The Crusades I, II》, Steven Runciman, Cambridge University Press, 1951.

《아랍인의 눈으로 본 십자군 전쟁》, 아민 말루프, 김미선 옮김, 아침이슬, 2002.

《서양 중세 문명》, 자크 르 고프, 유희수 옮김, 문학과지성사, 1992.

《십자군전쟁 그것은 신의 뜻이었다!》, W. B. 바틀릿, 서미석 옮김, 한길사, 2004.

《예루살렘》, 토마스 이디노폴로스, 이동진 옮김, 그린비, 2002.